大方廣佛華嚴經 寫經

26

🏵 일러두기

1. 『사경본 한글역 대방광불화엄경』은 『독송본 한문·한글역 대방광불화엄경』에 수록된 한글역을 사경하는 데 편의를 도모하기 위해 편집을 달리하여 간행한 것이다.

2. 『독송본 한문·한글역 대방광불화엄경』은 실차난타가 한역(695~699)한 80권 『대방광불화엄경』의 한문 원문과 한글역을 함께 수록한 것이다. 한문 저본은 고종 2년(1865) 월정사에서 인경한 고려대장경 『대방광불화엄경』이다.

3. 한글 번역은 동국역경원에서 발간한 한글 『대방광불화엄경』(운허)을 중심으로 하고 『신화엄경합론』(탄허)과 『대방광불화엄경 강설』(여천무비) 그리고 최근의 여타 번역본 등을 참조하였다.

4. 한글 번역은 독송과 사경을 위하여 정확성과 아울러 가독성을 고려하였다. 극존칭은 부처님과 불경계에 대해서만 사용하였다.

5. 사경본의 차례는 일러두기 → 한글역 본문 → 화엄경 목차 → 간행사이며 80권 『대방광불화엄경』의 권별 목차 순으로 독송본과 함께 간행한다. (법공양판에는 간행사 다음에 간행불사 동참자를 밝혀두었다.)

사경본 한글역
대방광불화엄경 제26권

25. 십회향품 [4]

수미해주

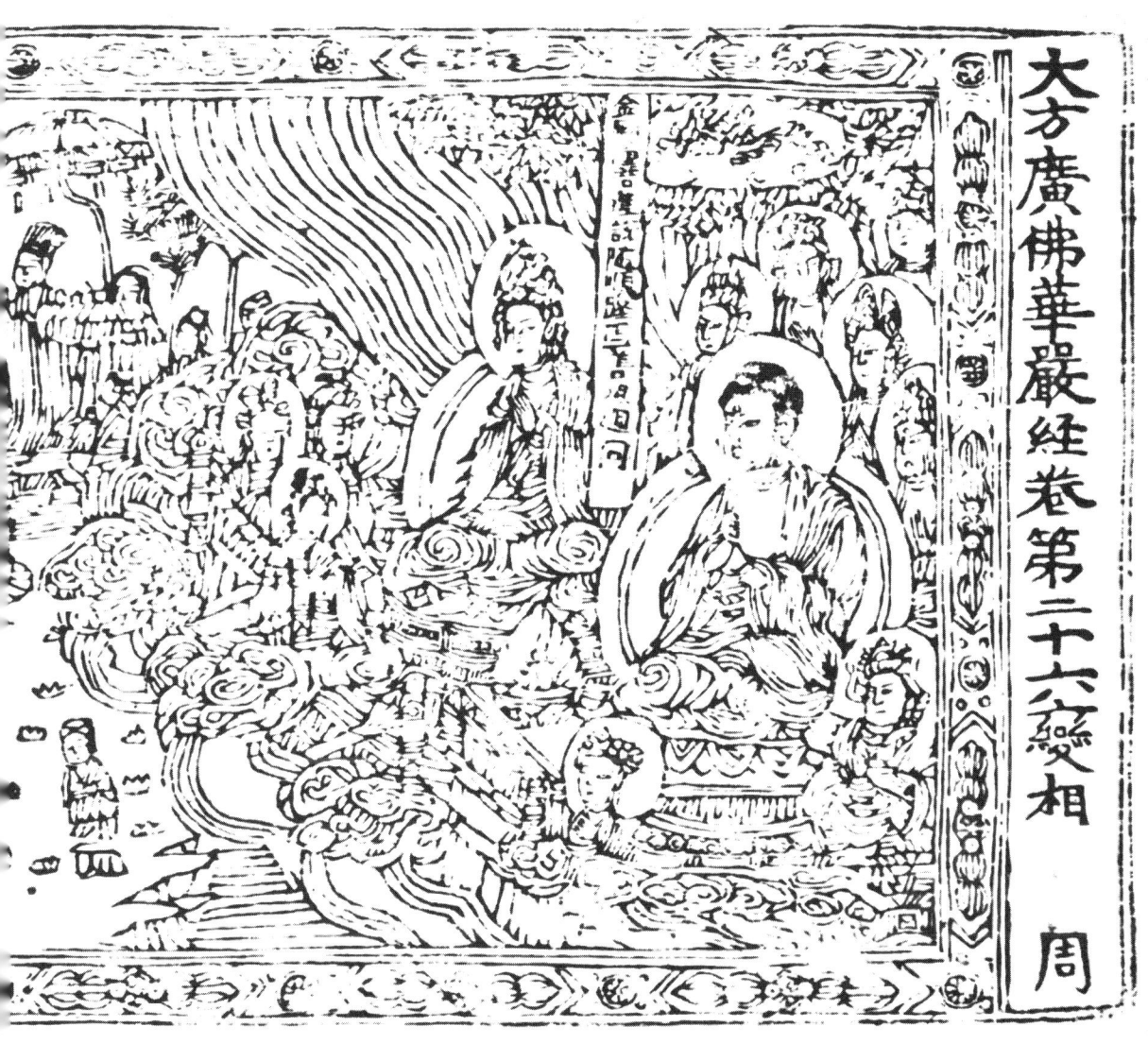

대방광불화엄경 제26권 변상도

대방광불화엄경
제26권

25. 십회향품 [4]

_____ 은(는) 『대방광불화엄경』을
사경하는 인연공덕으로
『화엄경』이 널리 유통되고
우리 모두 다함께 보리 이루기를 발원하옵니다.

대방광불화엄경

제26권

25. 십회향품 [4]

"불자들이여, 보살마하살이 갖가지 수레를 온갖 보배로 장엄하게 장식하여, 모든 부처님과 모든 보살들과 스승과 선우와 성문과 연각과 이와 같은 한량없는 갖가지 복밭과 내지 빈궁하고 외로운 자들에게 받들어 보시하니, 이 모든 사람들이 혹은 멀리서 오며 혹은 가까이서 오며, 혹은 보살의 명성을 듣고 오며 혹은 보살의 인연으로 오며, 혹은 보살이 지난 옛적에 세운 보시하려는 서원을 듣고 오며, 혹은 보살이 마음의 서원으로 청하여 온 것이다.

보살이 이때에 혹은 보배 수레를 보시하고 혹은 황금 수레를 보시하니 모두 미묘하게 장엄하여 방울과 그물을 위에 덮고 보배 띠를 드리웠다. 혹은 가장 미묘한 유리 수레를 보시하니 한량없는 진귀한 보배로 장식하였다.

혹은 다시 백은 수레를 보시하니 금 그물을 덮고 준마를 매었으며, 혹은 다시 한량없는 여러 가지 보배로 장엄한 수레를 보시하니 보배 그물을 덮고 향기 나는 코끼리를 매었다.

혹은 다시 전단 수레를 보시하니 묘한 보배로 바퀴가 되고 여러 가지 색 보배로 일산이 되고 보배 사자좌를 장엄하여 놓았으며, 백천 채녀가 그 위에 줄지어 앉았고 십만 장부가 끌고 간다.

혹은 다시 파려 보배 수레를 보시하니 온갖 여러 가지 묘한 보배로 장엄하게 꾸미고 단정한 여인들이 그 안에 가득하며 보배 휘장을 위에 덮고 당기와 깃발을 든 이들이 곁에 있었다.

혹은 다시 마노장 수레를 보시하니 온갖 보배로 장식하고 모든 여러 가지 향기를 풍기며, 갖가지 미묘한 꽃을 흩어 장엄하고, 백천 채녀들이 보배 영락을 가지고 있으며, 균형 있고 조화롭게 몰아서 험한 길을 달려도 편안하다.

　혹은 다시 견고한 향 수레를 보시하니 온갖 보배로 바퀴가 되고 장엄이 매우 아름다우며, 보배 휘장을 위에 덮고 보배 그물을 드리웠으며, 갖가지 보배 옷을 그 안에 깔았다. 청정하고 좋은 향기가 밖으로 흘러나와 그 향기가 아름답고 미묘하여 사람들의 마음을 기쁘게 하며, 한량없는 모든 천신들이 돕고 따라 다니면서 싣고 온 온갖 보배로 때를 따라 보시한다.

혹은 다시 광명 보배 수레를 보시하니 갖가지 모든 보배가 미묘한 빛을 환히 비추며, 온갖 미묘한 보배 그물을 그 위에 덮었으며, 여러 가지 보배 영락을 두루두루 드리웠다. 가루향을 뿌려 안팎이 향기롭고 깨끗하며, 사랑스러운 남녀들이 모두 그 위에 타고 있었다.

불자들이여, 보살마하살이 이와

같은 등 온갖 묘한 보배 수레들을 부처님께 받들어 보시할 때에 이 선근으로써 이와 같이 회향한다.

이른바 일체 중생이 모두 가장 높은 복밭에 공양올릴 줄 알고 부처님께 보시함에 한량없는 과보 얻음을 깊이 믿기를 원한다.

일체 중생이 일심으로 부처님께 향하여 한량없이 청정한 복밭을 항상 만나기를 원한다.

일체 중생이 모든 여래께 아끼는 바가 없이 크게 보시하는 마음을 구족하게 성취하기를 원한다.

　일체 중생이 모든 부처님 처소에 보시행을 수행하며 이승의 원을 버리고 여래의 걸림 없는 해탈과 일체지의 지혜를 얻기를 원한다.

　일체 중생이 모든 부처님 처소에 다함없는 보시를 행하여 부처님의 한량없는 공덕과 지혜에 들어가기를 원한다.

　일체 중생이 부처님의 수승한 지혜에 들어가 청정하고 위없는 지혜의 왕이 되기를 원한다.

일체 중생이 부처님의 두루 이르시는 걸림 없는 신통을 얻어서 가고자 하는 바를 따라 자재하지 않음이 없기를 원한다.

일체 중생이 대승에 깊이 들어가 한량없는 지혜를 얻어서 편안히 머물러 움직이지 않기를 원한다.

일체 중생이 모두 일체 지혜의 법을 능히 내어서 모든 천상과 인간의 가장 높은 복밭이 되기를 원한다.

일체 중생이 모든 부처님 처소에 싫어하고 원망하는 마음이 없이 부지런히 선근을 심고 부처님 지혜를 즐거이 구하기를 원한다.

일체 중생이 마음대로 일체 부처님 세계에 능히 가서 한 찰나에 널리 법계에 두루하되 게으름이 없기를 원한다.

일체 중생이 보살의 자재한 신통을 얻어서 몸을 나누어 허공계에 두루 가득하며 일체 부처님 처소에 친근하고 공양올리기를 원한다.

일체 중생이 견줄 데 없는 몸을 얻고 시방에 두루 가되 싫어하거나 게으름이 없기를 원한다.

일체 중생이 광대한 몸을 얻어서 빠르게 날아다니며 마음대로 가되 마침내 게으르거나 물러남이 없기를 원한다.

일체 중생이 부처님의 끝까지 자재한 위신력을 얻어서 한 찰나 동안에 온 허공계에서 모든 부처님의 신통 변화를 모두 나타내기를 원한다.

일체 중생이 안락한 행을 닦아서 일체 모든 보살의 도를 수순하기를 원한다.

일체 중생이 빠른 행을 얻어서 십력과 지혜와 신통이 끝까지 이루어지기를 원한다.

일체 중생이 법계의 시방 국토에 널리 들어가 모두 끝이 다하도록 평등하여 차별이 없기를 원한다.

일체 중생이 보현의 행을 수행하여 퇴전하지 않고 저 언덕에 이르러 일체 지혜를 이루기를 원한다.

일체 중생이 견줄 데 없는 지혜의 수레에 올라타서 법의 성품을 수순하여 실상과 같은 이치를 보기를 원한다.

 이것이 보살마하살이 온갖 보배 수레로 현재의 일체 모든 부처님과 부처님께서 열반하신 후에 있는 탑묘에 받들어 보시하는 선근으로 회향하는 것이니, 중생들로 하여금 여래의 구경에 벗어나는 걸림 없는 수레를 얻게 하기 위한 까닭이다.

 불자들이여, 보살마하살이 온갖 보배 수레를 보살 등과 선지식에게 보시할 때에 모든 선근으로 이와 같이 회향한다.

 이른바 일체 중생이 마음에 항상 선지식의 가르침을 기억해 지니고 오로지 부지런히 수호하여 잊어버리지 않게 하기를 원한다.

 일체 중생이 선지식과 더불어 이치와 이로움이 동일하여 일체를 널리 거두어서 더불어 선근을 함께 하기를 원한다.

 일체 중생이 선지식을 친근하여 존중하고 공양올리며 있는 것을 모두 보시하여 그의 마음을 수순하기를 원한다.

일체 중생이 훌륭한 뜻을 얻어 선지식을 따르고 일찍이 떠나 버리지 않기를 원한다.

일체 중생이 항상 모든 선지식들을 만나서 오롯한 마음으로 받들어 섬기고 그 가르침을 어기지 않기를 원한다.

일체 중생이 선지식을 좋아하여 항상 떠나지 않아서 틈이 없고 섞임도 없으며 또한 잘못도 없기를 원한다.

일체 중생이 능히 그 몸으로 선지

식에게 보시하고 그 가르치는 명령을 따르고 어기어 거스르지 않기를 원한다.

일체 중생이 선지식의 거두어 주는 바가 되어 큰 자애를 닦아 익히고 모든 악을 멀리 여의기를 원한다.

일체 중생이 선지식을 따라서 모든 부처님께서 말씀하신 정법을 듣기를 원한다.

일체 중생이 선지식과 더불어 선근이 같아서 업과가 청정하고 모든 보살과 더불어 행원이 같아서 십력을 끝까지 얻기를 원한다.

 일체 중생이 선지식의 법을 모두 능히 받아 지녀서 일체 삼매의 경계와 지혜와 신통을 얻기를 원한다.

 일체 중생이 일체 정법을 모두 능히 받아 지녀서 모든 행을 닦아 익혀 피안에 이르기를 원한다.

 일체 중생이 큰 수레를 타고 장애가 없어서 구경에 일체 지혜의 도를 성취하기를 원한다.

 일체 중생이 모두 일체 지혜의 수레에 올라서 안온한 곳에 이르러 퇴전하지 않기를 원한다.

 일체 중생이 실제와 같이 행함을 알아서 그 들은 바 일체 부처님 법을 따라 다 구경까지 이르러 영원히 잊지 말기를 원한다.

 일체 중생이 널리 모든 부처님의 거두어 주시는 바가 되어서 걸림 없는 지혜를 얻어 모든 법을 끝까지 이루기를 원한다.

 일체 중생이 물러남이 없는 자재한 신통을 얻어서 가고자 하는 곳에는 잠깐 사이에 모두 이르기를 원한다.

일체 중생이 왕래가 자재하여 널리 교화하고 인도함을 행하여 대승에 머무르게 하기를 원한다.

일체 중생이 행하는 바가 헛되지 아니하여 지혜의 수레를 타고 구경의 지위에 이르기를 원한다.

일체 중생이 걸림 없는 수레를 얻어서 걸림 없는 지혜로 일체 처에 이르기를 원한다.

이것이 보살마하살이 선지식에게 갖가지 수레를 보시할 때에 선근으로 회향하는 것이니, 중생들로 하여금 공덕을 구족하여 부처님과 보살과 더불어 평등하고 다름이 없게 하기 위한 까닭이다.

불자들이여, 보살마하살이 온갖 보배 수레로 스님들에게 보시할 때에 일체 보시를 배우는 마음과 지혜로 잘 아는 마음과 깨끗한 공덕의 마음과 보시를 수순하는 마음과 승보를 만나기 어렵다는 마음과 승보를 깊이 믿는 마음과 바른 가르침을 거두어 지니는 마음을 일으켜서, 수승한 뜻의 즐거움에 머물러 미증유를 얻으며 크게 보시하는 모임을 만들어 한량없이 광대한 공덕을 내며 부처님의 가르침을 깊이 믿어서 깨뜨릴 수 없다.

모든 선근으로 이와 같이 회향한다.

이른바 일체 중생이 부처님의 법에 널리 들어가 기억하고 지니어 잊지 말기를 원하며, 일체 중생이 어리석은 범부의 법을 떠나서 성현의 자리에 들어가기를 원한다.

일체 중생이 성인의 지위에 빨리 들어가 능히 불법으로 차례로 열어 인도하기를 원한다.

　　일체 중생이 온 세상이 소중히 여겨 말하는 대로 반드시 신용하기를 원한다.

　　일체 중생이 일체 모든 법이 평등한 데 잘 들어가 법계의 자성이 둘이 없음을 분명히 알기를 원한다.

　　일체 중생이 여래의 지혜의 경계로부터 나서 모든 화순한 사람들이 함께 둘러싸는 바가 되기를 원한다.

일체 중생이 물들지 않는 법에 머물러 일체 번뇌의 때를 멸하여 없애기를 원한다.

일체 중생이 위없는 승보를 모두 성취하여 범부의 자리에서 떠나 성현의 무리에 들어가기를 원한다.

일체 중생이 선한 법을 부지런히 닦아 걸림 없는 지혜를 얻어서 성스러운 공덕을 갖추기를 원한다.

일체 중생이 지혜의 마음을 얻어서 삼세에 집착하지 않고 모든 대중 가운데서 왕과 같이 자재하기를 원한다.

　일체 중생이 지혜의 수레를 타고 바른 법륜을 굴리기를 원한다.

　일체 중생이 신통을 구족하여 잠깐 동안에 능히 말할 수 없이 말할 수 없는 세계에 가기를 원한다.

　일체 중생이 허공의 몸을 타고 모든 세간에서 지혜가 걸림 없기를 원한다.

　일체 중생이 일체 허공 법계의 모든 부처님의 대중모임에 널리 들어가서 제일바라밀행을 성취하기를 원한다.

　일체 중생이 가볍게 거동하는 몸과 수승한 지혜를 얻어서 다 능히 일체 부처님 세계에 두루 들어가기를 원한다.

　일체 중생이 끝없이 공교한 신족통을 얻어서 일체 세계에 그 몸을 널리 나타내기를 원한다.

　일체 중생이 일체에 의지할 바 없는 몸을 얻어서 신통력으로 그림자처럼 널리 나타나기를 원한다.

　일체 중생이 부사의하게 자재한

신력을 얻어서 마땅함을 따라 교화하여 곧 그 앞에 나타나 교화하고 조복하기를 원한다.

일체 중생이 법계에 들어가는 걸림 없는 방편을 얻어서 잠깐 동안에 시방 국토를 두루 다니기를 원한다.

이것이 보살마하살이 스님들에게 보배 수레를 보시하는 선근 회향이니, 중생들로 하여금 널리 청정하고 위없는 지혜의 수레를 타고 일체 세간에서 걸림 없는 법의 지혜 수레를 굴리게 하기 위한 까닭이다.

불자들이여, 보살마하살이 온갖 보배 수레를 성문과 독각에게 보시할 때에 이와 같은 마음을 일으킨다.

이른바 복밭의 마음과 존경의 마음과 공덕바다의 마음과 공덕과 지혜를 능히 내는 마음과 여래의 공덕 세력으로 생기는 마음과 백천억 나유타 겁에 닦아 익히는 마음이다.

능히 말할 수 없는 겁에 보살행을 닦는 마음과 일체 마군의 속박에서 해탈하는 마음과 일체 마군의 무리를 꺾어 멸하는 마음과 지혜의 빛으로 위없는 법을 밝게 비추는 마음이다.

이 수레를 보시하여 있는 바 선근으로 이와 같이 회향한다.

이른바 일체 중생이 세상에서 믿을 바 제일 복밭이 되어 위없는 보시바라밀을 구족하기를 원한다.

일체 중생이 이익이 없는 말을 여의고 항상 혼자 있기를 좋아하며 마음에 두 가지 생각이 없기를 원한다.

일체 중생이 가장 제일인 청정한 복밭을 성취하고 모든 중생들을 거두어 복업을 닦게 하기를 원한다.

일체 중생이 지혜의 못을 이루어 능히 중생들에게 한량없고 수없는 선근의 과보를 주기를 원한다.

일체 중생이 걸림 없는 행에 머물러서 청정하고 제일인 복밭을 만족하기를 원한다.

일체 중생이 다툼이 없는 법에 머물러서 일체 법이 모두 짓는 바가 없고 성품이 없는 것으로 성품이 됨을 깨닫기를 원한다.

일체 중생이 항상 최상의 복밭을

친근하여 한량없는 복덕을 구족하게 닦아 이루기를 원한다.

일체 중생이 한량없이 자재한 신통을 능히 나타내어 깨끗한 복밭으로 모든 함식들을 거두기를 원한다.

일체 중생이 다함없는 공덕의 복밭을 구족하고 중생에게 여래의 십력과 제일승의 과를 줄 수 있기를 원한다.

일체 중생이 능히 과를 갖추는 진실한 복밭이 되어 일체 지혜와 다함없는 복더미를 이루기를 원한다.

일체 중생이 죄를 없애는 법을 얻어 일찍이 듣지 못한 불법의 문구와 뜻을 모두 능히 받아 지니기를 원한다.

일체 중생이 항상 부지런히 일체 불법을 들은 것은 모두 깨달아 알고 헛되이 지내는 자가 없기를 원한다.

일체 중생이 불법을 듣고 끝까지 통달하며 그 들은 바와 같이 수순하여 연설하기를 원한다.

일체 중생이 여래의 가르침을 믿고 이해하여 수행하며 일체 아흔여섯 가지 외도의 삿된 소견을 버리고 여의기를 원한다.

　일체 중생이 항상 성현을 친견하고 일체 가장 수승한 선근을 증장하기를 원하며, 일체 중생이 마음으로 항상 지혜있고 수행하는 사람을 믿고 좋아하여 모든 거룩하고 명철한 이들과 더불어 함께 있으며 함께 환희하기를 원한다.

　일체 중생이 부처님 명호를 듣고는 다 헛되지 아니하고 그 들은 바를 따라 모두 눈으로 봄을 얻기를 원하며,

일체 중생이 모든 부처님의 바른 가르침을 잘 분별하여 알고 불법을 지니는 자를 모두 능히 수호하기를 원한다.

일체 중생이 일체 불법 듣기를 항상 즐기며 받아 지니고 읽고 외우고 열어 보이며 밝게 비추기를 원하며, 일체 중생이 부처님 가르침의 여실한 공덕을 믿고 이해하며 있는 바를 모두 버려서 공경하고 공양하기를 원한다.

이것이 보살마하살이 성문과 독각

에게 갖가지 수레를 보시할 때에 선근으로 회향하는 것이니, 중생들로 하여금 모두 청정하고 제일인 지혜와 신통을 성취하고 부지런히 수행하여 게으르지 않으며, 일체지와 힘과 두려움 없음을 얻게 하기 위한 까닭이다.

불자들이여, 보살마하살이 온갖 보배 수레를 모든 복밭과 내지 빈궁하고 고독한 자에게 보시할 때에, 그 구하는 바를 따라 일체를 모두 베풀되 마음에 환희를 내어 싫어하거나 게으름이 없다.

이에 그 사람에게 자책하여 말하기를 '내가 응당 나아가서 공양하고 공급해야 하고, 응당 수고롭게 그대가 멀리서 와 피로하지 않게 해야 한다.'라고 하며, 말하고 나서는 무릎 꿇어 절하고 기거를 문안하며, 모든 필요한 것 일체를 보시한다.

혹은 이때에 그에게 마니 보배 수레를 보시하니 염부제에서 제일의 여자 보배가 그 위에 가득하다.

혹은 다시 금으로 장엄한 수레를 보시하니 인간의 여자 보배가 그 위에 가득하다.

혹은 다시 미묘한 유리 수레를 보시하니 궁 안의 기녀들이 그 위에 가득하며, 혹은 갖가지 기묘한 보배 수레를 보시하니 동녀들이 가득한데 천상의 채녀들과 같다.

혹은 수없는 보배로 장엄한 수레를 보시하니 보배 여자들이 가득한데 유순하고 총명하고 말 잘하고 지혜로웠다.

혹은 타고 있던 미묘한 전단 수레를 보시하며, 혹은 다시 파려 보배 수레를 보시하니 모두 보배 여자들을 태워 그 위에 가득한데 용모가 단정하고 색상이 견줄 데 없으며 나들이옷으로 장엄하여 보는 자들이 기뻐하였다.

혹은 다시 마노 보배 수레를 보시하니 관정식을 행한 왕자들이 몸소 그 위에 타고 있으며, 혹은 때로 견고한 향 수레를 보시하니 있는 바 남녀들이 모두 그 가운데 타고 있다.

혹은 일체 보배로 장엄한 수레를 보시하니 떠나보내기 어려운 친하고 좋은 권속들이 타고 있다.

불자들이여, 보살마하살이 이와 같은 등 한량없는 보배 수레를 그들이 구하는 바를 따라 공경하며 보시하여, 모두 원을 이루고 환희하여 만족케 하는 것이다.

이러한 선근으로 이와 같이 회향한다.

이른바 일체 중생이 퇴전하지 않고, 장애가 없는 바퀴의 넓고 큰 수레를 타고 불가사의한 보리수 아래로 나아가기를 원한다.

　일체 중생이 청정한 원인인 큰 법의 지혜 수레를 타고 미래겁이 다하도록 보살행을 닦으면서 길이 퇴전하지 않기를 원한다.

　일체 중생이 일체 법이 있는 바가 없는 수레를 타고 일체 분별과 집착을 길이 여의고 일체 지혜의 도를 항상 닦아 익히기를 원한다.

　일체 중생이 아첨과 속임이 없는 정직한 수레를 타고 모든 부처님 세계로 나아감에 자재하여 걸림 없기를 원한다.

일체 중생이 일체 지혜의 수레를 수순하여 편안히 머물면서 모든 불법으로 서로 함께 오락하기를 원한다.

일체 중생이 다 보살의 청정하게 수행하는 수레를 타고 보살의 열 가지 벗어나는 도와 삼매의 낙을 구족하기를 원한다.

일체 중생이 네 바퀴의 수레를 타니 이른바 좋은 국토에 살고, 착한 사람을 의지하고, 수승한 복덕을 모으고, 큰 서원을 일으키는 것이다. 이것으로 일체 보살의 청정한 범행을 원만히 이루기를 원한다.

일체 중생이 시방을 널리 비추는 법의 광명 수레를 얻어서 일체 여래의 지혜의 힘을 닦고 배우기를 원한다.

일체 중생이 불법의 수레를 타고 일체 법의 구경의 피안에 이르기를 원한다.

일체 중생이 온갖 복과 선을 사의

하기 어려운 법의 수레에 실어 시방에 안온하고 바른 도를 널리 보이기를 원한다.

일체 중생이 크게 보시하는 수레를 타고 인색함의 때를 버리기를 원한다.

일체 중생이 청정한 계의 수레를 타고 법계와 같은 가없는 청정한 계를 지니기를 원한다.

일체 중생이 인욕의 수레를 타고 항상 중생에게 성내고 흐린 마음을 여의기를 원한다.

일체 중생이 크게 정진하여 퇴전하지 않는 수레를 타고 수승한 행을 굳게 닦아서 보리의 도에 나아가기를 원한다.

일체 중생이 선정의 수레를 타고 빨리 도량에 이르러 보리의 지혜를 증득하기를 원한다.

일체 중생이 지혜롭고 공교한 방편의 수레를 타고 화신이 일체 법계의 모든 부처님 경계에 충만하기를 원한다.

일체 중생이 법왕의 수레를 타고

두려움 없음을 성취하여 일체 지혜의 법을 항상 널리 은혜롭게 베풀기를 원한다.

일체 중생이 집착하는 바가 없는 지혜의 수레를 타고 일체 시방에 모두 능히 두루 들어가되 진실한 법의 성품에 동요하는 바가 없기를 원한다.

일체 중생이 일체 모든 불법의 수레를 타고 태어남을 나타내 보여서 시방세계에 두루하되 대승의 도를 잃어버리지 않기를 원한다.

일체 중생이 일체 지혜의 가장 높은 보배 수레를 타고 보현 보살의 행과 원을 만족하되 게으름이 없기를 원한다.

이것이 보살마하살이 온갖 보배 수레를 모든 복밭과 내지 빈궁하고 외로운 사람에게 보시하는 선근 회향이니, 중생들로 하여금 한량없는 지혜를 갖추고 환희하여 뛰놀며 구경에 일체 지혜의 수레를 모두 얻게 하기 위한 까닭이다.

불자들이여, 보살마하살이 코끼리 보배를 보시하니 그 성품이 유순하고 일곱 가지가 구족하고 나이가 한창이며, 여섯 어금니가 깨끗하며, 입술 색이 붉은 것이 연꽃과 같으며, 형체가 곱고 희어 마치 설산과 같다. 황금 깃대로 꾸미고 보배 그물을 덮었으며, 갖가지 묘한 보배로 그 코를 장엄하여 보는 자들이 즐거워하여 싫어함이 없으며, 만 리를 뛰어다녀도 일찍이 고달프지 아니하다.

혹은 다시 잘 길든 말 보배를 보시

하니 모든 모습이 구족하여 마치 하늘의 말과 같으며, 미묘한 보배로 만든 둥근 바퀴로 빛나게 장식하고 진금 방울 그물을 그 위에 덮었으며, 행보가 평정하여 타고 있는 자가 안온하고, 뜻 따라 가는데 바람같이 빠르며, 사주로 다니되 자재하여 걸림이 없다.

보살이 이러한 코끼리 보배와 말 보배로써 혹은 부모와 선지식을 봉양하고 혹은 가난하고 괴로운 중생들에게 보시하되, 그 마음이 너그러워

후회하거나 아까워하는 생각이 없고, 단지 배로 더욱 기뻐하고 더욱 더 가엾게 여기면서 보살의 덕을 닦고 보살의 마음을 청정하게 한다.

이러한 선근으로 이와 같이 회향한다.

이른바 일체 중생이 유순한 수레에 머물러 일체 보살의 공덕을 증장하기를 원하며, 일체 중생이 선교의 수레를 얻어 능히 따라 일체 불법을 출생하기를 원한다.

일체 중생이 믿고 이해하는 수레를

얻어 여래의 걸림 없는 지혜와 힘을 널리 비추기를 원하며, 일체 중생이 나아가는 수레를 얻어 일체 큰 원을 능히 널리 일으키기를 원한다.

일체 중생이 평등한 바라밀 수레를 구족하여 일체 평등한 선근을 원만히 이루기를 원하며, 일체 중생이 보배 수레를 성취하여 모든 불법의 위 없는 지혜 보배를 내기를 원한다.

일체 중생이 보살행으로 장엄한 수레를 성취하여 보살들의 모든 삼매 꽃을 피우기를 원하며, 일체 중생이 가없이 빠른 수레를 얻고 수없는 겁에 보살의 마음을 깨끗이 하고 부지런히 사유하여 모든 법을 분명히 통달하기를 원한다.

일체 중생이 가장 수승하고 유순한 큰 수레를 성취하여 좋은 방편으로 보살의 지위를 갖추기를 원하며, 일체 중생이 가장 높고 넓고 견고한 큰 수레를 성취하여 널리 일체 중생을 능히 실어 운반하여 다 일체 지혜의 자리에 이르게 하기를 원한다.

이것이 보살마하살이 코끼리나 말

을 보시할 때에 선근으로 회향하는 것이니, 중생들로 하여금 모두 걸림 없는 지혜의 수레를 타고 끝까지 원만하여 부처님의 수레에 이르게 하기 위한 까닭이다.

불자들이여, 보살마하살이 평상을 보시할 때에 혹은 거처하던 사자좌를 보시한다. 그 사자좌는 높고 넓고 특수하고 미묘하게 좋으며, 유리로 다리가 되고 금을 박아 꾸며 이루어진 부드러운 의복을 그 위에 깔았고,

보배 깃대를 세우고 모든 미묘한 향기를 풍기며, 한량없는 여러 가지 보배 장엄구로 꾸몄다.

금 그물을 위에 덮고 보배 풍경이 바람에 흔들려 미묘한 음성을 내고 진귀한 보배가 만 가지로 주위를 채워 장식하였으니, 일체 신민들이 함께 우러러보는 바이며, 관정을 받은 대왕이 홀로 그 위에 앉아서 법으로 교화를 선포하니 만방에서 따르고 받든다.

그 왕은 다시 미묘한 보배로 몸을

장엄하였으니 이른바 보광명 보배와 제청 보배와 대제청 보배와 승장마니 보배이다. 밝고 깨끗하기는 해와 같고 청량하기는 달과 같으며 두루 널린 것이 마치 온갖 별과 같으며 가장 미묘한 장엄은 제일이어서 견줄 데 없었다.

바다의 수승하고 미묘한 보배와 바다의 견고당 보배들이 기이한 무늬와 특이한 표현으로 갖가지 장엄을 하였다.

대중 가운데 가장 높고 가장 수승

하며, 염부단금과 때를 여읜 보배 비단을 머리에 쓰고 관정 받은 지위를 누리며, 염부제의 왕이 되어 한량없는 큰 위덕의 힘을 구족하고 자애로 으뜸을 삼아 모든 원수와 적을 항복받으니, 교화하는 명령이 이르는 바에 받들어 따르지 않음이 없었다.

이때 전륜왕이 이와 같은 등 한량없고 수없는 백천만 억의 보배 장엄 사자좌로써 여래인 제일 복밭과 모든 보살들과 진실한 선지식과 어질고 성스러운 승보와 설법하는 스승과 부모와 종친과 성문과 독각과 그리고 보살승에 나아가는 이와 혹은 여래의 탑과 내지 일체 빈궁하고 외로운 이들에게까지 보시하되 그 요구하는 바를 따라 모두 다 베풀어 주었다.

이 선근으로 이와 같이 회향한다.

이른바 일체 중생이 보리좌에 앉아서 모두 능히 모든 부처님의 바른 법을 깨닫기를 원하며, 일체 중생이 자재한 자리에 앉아 법에 자재함을 얻어서 모든 금강산으로도 깨뜨릴 수

없는 바라 일체 마군을 능히 다 꺾어 항복 받기를 원한다.

일체 중생이 부처님의 자재한 사자좌를 얻어서 일체 중생의 우러러 보는 바가 되기를 원하며, 일체 중생이 말할 수 없이 말할 수 없는 갖가지 수승하고 미묘한 보배로 장엄한 자리를 얻어서 법에 자재하여 중생을 교화하여 인도하기를 원한다.

일체 중생이 세 가지 세간의 가장 수승한 자리를 얻어서 광대한 선근으로 장엄하는 바이기를 원하며, 일체 중생이 말할 수 없이 말할 수 없는 세계에 두루 가득한 자리를 얻어서 아승지겁 동안 찬탄함이 다함없기를 원한다.

일체 중생이 크고 깊고 비밀한 복덕의 자리를 얻어서 그 몸이 일체 법계에 충만하기를 원하며, 일체 중생이 부사의한 갖가지 보배 자리를 얻어서 그 본래의 원을 따라서 생각하는 바 중생에게 법보시를 널리 열기를 원한다.

일체 중생이 좋고 미묘한 자리를

얻어서 말할 수 없는 모든 부처님의 신통을 나타내기를 원하며, 일체 중생이 일체 보배 자리와 일체 향 자리와 일체 꽃 자리와 일체 옷 자리와 일체 화만 자리와 일체 마니 자리와 일체 유리 자리 등 부사의한 갖가지 보배 자리와 한량없고 말할 수 없는 세계 자리와 일체 세간을 장엄한 청정한 자리와 일체 금강 자리를 얻어서 여래 위덕의 자재함을 나타내 보여 최정각 이루기를 원한다.

　이것이 보살마하살이 보배 자리를

보시할 때에 선근으로 회향하는 것이니, 중생들로 하여금 세간을 여의는 큰 보리좌를 얻어서 자연히 일체 불법을 깨닫게 하기 위한 까닭이다.

불자들이여, 보살마하살이 모든 보배 일산을 보시한다.

이 일산은 특수하여 존귀한 이가 사용하는 것이며, 갖가지 큰 보배로 장엄하였으니 백천억 나유타 높고 미묘한 일산 중에 가장 제일이다.

온갖 보배로 장대가 되고 미묘한

그물을 위에 덮었으며, 보배 노끈과 금방울이 두루두루 드리웠고, 마니 영락이 차례로 매달려 펼쳐져서 미풍이 불어 미묘한 소리가 지극히 조화로우며, 주옥 보배 창고가 갖가지로 충만하고, 한량없는 진기한 보배로 모두 장식하였으며, 전단향과 침수향의 미묘한 향기가 널리 풍기고 염부단금의 광명이 청정하였다.

　이와 같이 한량없는 백천억 나유타 아승지의 온갖 미묘한 보물로 구족하게 장엄하여 청정한 마음으로 부처님과 부처님께서 열반하신 후에 있는 탑묘에 받들어 보시한다.

혹은 법을 위하는 까닭에 모든 보살과 선지식과 명망 있는 법사에게 보시하며, 혹은 부모에게 보시하며, 혹은 승보에게 보시한다.

혹은 다시 일체 불법에 받들어 보시하며, 혹은 갖가지 중생의 복밭에 보시하며, 혹은 사승과 모든 존숙에게 보시하며, 혹은 처음 보리심을 낸 이와 내지 일체 빈궁하고 외로운 이에게 보시하되, 구함이 있는 바를 따라 모두 다 베풀어 준다.

이 선근으로 이와 같이 회향한다.

이른바 일체 중생이 선근을 부지런히 닦아 그 몸을 덮어서 항상 모든 부처님의 보호하시는 바가 되기를 원한다.

일체 중생이 공덕과 지혜로 그 일산을 삼아서 세간의 일체 번뇌를 길이 여의기를 원한다.

일체 중생이 선법으로 덮어서 세간의 때와 뜨거운 번뇌를 멸하여 없애기를 원하며, 일체 중생이 지혜장을 얻어서 대중으로 하여금 즐겨 보고 마음에 만족해 싫어함이 없기를 원한다.

일체 중생이 고요하고 선한 법으로 스스로 덮어서 다 구경에 무너지지 않는 불법을 얻기를 원하며, 일체 중생이 그 몸을 잘 덮어서 구경에 여래의 청정한 법신이기를 원한다.

일체 중생이 두루 덮는 일산이 되어 십력과 지혜로 세간을 두루 덮기를 원하며, 일체 중생이 미묘한 지혜를 얻어서 삼세를 벗어나 물들거나 집착하는 바가 없기를 원한다.

　일체 중생이 응공의 일산을 얻어서 수승한 복밭을 이루어 일체의 공양을 받기를 원하며, 일체 중생이 가장 높은 일산을 얻고 위없는 지혜를 얻어서 자연히 깨닫기를 원한다.

　이것이 보살마하살이 일산을 보시할 때에 선근으로 회향하는 것이다.

　일체 중생으로 하여금 자재한 일산을 얻어서 일체 모든 선법을 능히 지니게 하기 위한 까닭이다.

　일체 중생이 능히 한 일산으로 일

체 허공과 법계의 일체 세계 국토를 널리 덮어서 모든 부처님의 자재한 신통을 나타내 보여 퇴전함이 없게 하기 위한 까닭이다.

일체 중생이 능히 한 일산으로 시방 일체 세계를 장엄하여 부처님께 공양올리게 하기 위한 까닭이다.

일체 중생이 미묘한 깃대와 깃발과 모든 보배 일산으로 일체 모든 여래께 공양올리게 하기 위한 까닭이다.

일체 중생이 널리 장엄한 일산을 얻어서 일체 모든 부처님의 국토를 두루 덮어 모두 남음이 없게 하기 위한 까닭이다.

일체 중생으로 하여금 넓고 큰 일산을 얻어서 중생들을 널리 덮어 모두 부처님께 신심과 이해를 내게 하기 위한 까닭이다.

일체 중생이 말할 수 없는 온갖 미묘한 보배 일산으로 한 부처님께 공양올리고 말할 수 없는 낱낱 부처님 처소에 다 이와 같게 하기 위한 까닭이다.

일체 중생이 부처님 보리의 높고

넓은 일산을 얻어서 일체 모든 여래를 널리 덮게 하기 위한 까닭이다.

일체 중생이 일체 마니 보배로 장엄한 일산과, 일체 보배 영락으로 장엄한 일산과, 일체 견고한 향으로 장엄한 일산과, 갖가지 보배로 청정하게 장엄한 일산과, 한량없는 보배로 청정하게 장엄한 일산과, 광대한 보배로 청정하게 장엄한 일산을 얻어서, 보배 그물로 두루 덮고 보배 방울을 드리워서 바람을 따라 흔들려 미묘한 소리를 내어 법계와 허공계 일체 세계의 모든 부처님 몸을 널리 덮게 하기 위한 까닭이다.

　일체 중생이 장애 없고 걸림 없는 지혜로 장엄한 일산을 얻어서 일체 모든 여래를 널리 덮게 하기 위한 까닭이다.

　또 일체 중생이 제일가는 지혜를 얻게 하기 위한 까닭이며, 또 일체 중생이 부처님의 공덕 장엄을 얻게 하기 위한 까닭이다.

　또 일체 중생이 부처님의 공덕에 청정한 바람과 서원의 마음을 내게 하기 위한 까닭이며, 또 일체 중생이 한량없고 가없는 자재한 마음 보배를 얻게 하기 위한 까닭이다.

또 일체 중생이 모든 법에 자재한 지혜를 만족케 하기 위한 까닭이며, 또 일체 중생이 모든 선근으로 일체를 널리 덮게 하기 위한 까닭이다.

또 일체 중생이 가장 수승한 지혜 일산을 성취케 하기 위한 까닭이며, 또 일체 중생이 십력으로 널리 두루한 일산을 성취케 하기 위한 까닭이다.

또 일체 중생이 능히 한 일산으로 법계의 모든 부처님 세계를 두루 덮게 하기 위한 까닭이며, 또 일체 중생이 법에 자재하여 법왕이 되게 하기 위한 까닭이다.

또 일체 중생이 큰 위덕과 자재한 마음을 얻게 하기 위한 까닭이며, 또 일체 중생이 광대한 지혜를 얻어서 항상 끊어짐이 없게 하기 위한 까닭이다.

또 일체 중생이 한량없는 공덕을 얻어서 일체를 널리 덮어 다 구경이

게 하기 위한 까닭이며, 또 일체 중생이 모든 공덕으로 그 마음을 덮게 하기 위한 까닭이다.

또 일체 중생이 평등한 마음으로 중생을 덮게 하기 위한 까닭이며, 또 일체 중생이 큰 지혜의 평등한 일산을 얻게 하기 위한 까닭이다.

또 일체 중생이 크게 회향하는 공교한 방편을 갖추게 하기 위한 까닭이며, 또 일체 중생이 수승한 욕락과 청정한 마음을 얻게 하기 위한 까닭이다.

또 일체 중생이 선한 욕락과 청정한 뜻을 얻게 하기 위한 까닭이며, 또 일체 중생이 크게 회향함을 얻어서 일체 모든 중생들을 널리 덮게 하기 위한 까닭이다.

불자들이여, 보살마하살이 혹은 갖가지 가장 미묘한 깃대와 깃발을 보시한다.

온갖 보배로 장대가 되고 보배 비단으로 깃발이 되고 갖가지 여러 채단으로 그 깃대가 되었다.

보배 그물을 드리워 덮어서 광채가 두루 가득하며, 보배 풍경이 조금 흔들려 음절이 서로 조화로우며, 기특하고 미묘한 보배의 형상이 반달과 같으며, 빛이 해보다 밝은 염부단금을 모두 깃대 위에 두었으며, 모든 세계의 업과를 따라 나타나는 갖가지 미묘한 것으로 장식하였다.

이와 같이 수없는 천만억 나유타의 모든 미묘한 깃대와 깃발들이 그림자를 접하고 빛을 이어서 번갈아 서로 사이에 펼치며, 광명이 장엄하고 깨끗하며 대지에 두루 가득하고 시방 허공 법계의 일체 부처님 세계에 충만하였다.

　보살마하살이 청정한 마음으로 믿고 이해하여, 이와 같은 등 한량없는 깃대와 깃발로 혹은 현재 일체 모든 부처님과 부처님께서 열반하신 후에 있는 탑묘에 보시하며, 혹은 법보에 보시하며, 혹은 승보에 보시하며, 혹은 보살과 모든 선지식들에게 보시하며, 혹은 성문과 벽지불에게 보시하며, 혹은 대중에게 보시하며, 혹은 다른 사람에게 보시하되 모든 와서 구하는 자에게 널리 다 베풀어 준다.

이 선근으로 이와 같이 회향한다.

이른바 일체 중생이 모두 능히 일체 선근과 복덕의 깃대와 깃발을 건립하되 훼손하거나 파괴할 수 없기를 원한다.

일체 중생이 일체 법에 자재한 깃대와 깃발을 세워서 존중하고 좋아하여 부지런히 더욱 수호하기를 원한다.

일체 중생이 항상 보배 비단에 정

법을 써서 모든 부처님과 보살의 법장을 보호하여 지니기를 원한다.

일체 중생이 높은 깃대를 세우고 지혜의 등불을 켜서 세간을 널리 비추기를 원한다.

일체 중생이 견고한 깃대를 세워 일체 마군의 업을 다 능히 꺾어 부수기를 원한다.

일체 중생이 지혜의 힘의 깃대를 세워 일체 모든 마군이 깨뜨릴 수 없기를 원한다.

일체 중생이 큰 지혜의 나라연 깃

대를 얻어서 일체 세간의 깃대와 깃발을 꺾어 없애기를 원한다.

　일체 중생이 지혜의 해인 큰 광명의 깃대를 얻어서 지혜의 햇빛으로 법계를 널리 비추기를 원한다.

　일체 중생이 한량없는 보배로 장엄한 깃대를 구족하고 시방의 일체 세계에 충만하여 모든 부처님께 공양 올리기를 원한다.

　일체 중생이 여래의 깃대를 얻어서 일체 아흔여섯 가지 외도의 삿된 소견을 꺾어 없애기를 원한다.

이것이 보살마하살이 깃대와 깃발로 보시할 때에 선근으로 회향하는 것이니, 일체 중생으로 하여금 매우 깊고 높고 넓은 보살행의 깃대와 모든 보살들 신통행의 깃대의 청정한 도를 얻게 하기 위한 까닭이다.

불자들이여, 보살마하살이 온갖 보배 창고를 열어서 백천억 나유타 모든 미묘하고 진귀한 보배를 수없는 일체 중생에게 보시하되 뜻을 따라 주고 마음에 인색함이 없다.

모든 선근으로 이와 같이 회향한다.

이른바 일체 중생이 항상 불보를 친견하여 어리석음을 버리고 여의어 바른 생각을 수행하기를 원한다.

일체 중생이 모두 법보의 광명을 구족함을 얻어서 일체 모든 부처님의 법장을 보호해 지니기를 원한다.

일체 중생이 능히 일체 승보를 모두 거두어 받들고 두루 시중들며 공양올리되 언제나 만족해 싫어함이 없기를 원한다.

일체 중생이 일체지의 위없는 마음 보배를 얻어서 보리심을 청정케 하되 퇴전하지 않기를 원한다.

일체 중생이 지혜의 보배를 얻어서 모든 법에 널리 들어가되 마음에 의혹이 없기를 원한다.

일체 중생이 보살의 모든 공덕 보배를 구족하고 한량없는 지혜를 열어 보여 연설하기를 원한다.

일체 중생이 한량없는 미묘한 공덕 보배를 얻어서 정각의 십력과 지혜를 닦아 이루기를 원한다.

일체 중생이 묘한 삼매와 열여섯 지혜의 보배를 얻어서 구경에 광대한 지혜를 원만히 이루기를 원한다.

일체 중생이 제일인 복밭의 보배를 성취하여 여래의 위없는 지혜에 깨달아 들어가기를 원한다.

일체 중생이 제일인 위없는 보배 주인을 이루고 다함없는 변재로 모든 법을 열어 연설하기를 원한다.

이것이 보살마하살이 온갖 보배를 보시할 때에 선근으로 회향하는 것이니, 일체 중생으로 하여금 모두 제일 지혜의 보배와 여래의 걸림 없는 청정한 눈의 보배를 원만히 이룸을 얻게 하기 위한 까닭이다.

불자들이여, 보살마하살이 혹은 갖가지 미묘한 장엄구로 보시한다.

이른바 일체 몸의 장엄구로 몸을 깨끗하고 미묘하게 하여 알맞지 않음이 없다.

보살마하살이 일체 세간의 중생들을 마치 외아들 같이 평등하게 살펴서 모두 몸을 청정하게 장엄하여, 세간의 최상의 안락과 부처님 지혜의 낙을 성취하고 불법에 편안히 머물러서 중생들을 이익케 하려는 것이다. 이와 같은 등 백천억 나유타의 갖가지 특수하고 미묘한 보배 장엄구로 부지런히 보시를 행한다.

보시를 행할 때에 모든 선근으로 이와 같이 회향한다.

이른바 일체 중생이 위없는 미묘한 장엄구를 성취하여 모든 청정한 공덕과 지혜로 인간과 천상을 장엄하기를 원한다.

일체 중생이 청정하고 장엄한 모양을 얻어서 깨끗한 복덕으로 그 몸을 장엄하기를 원한다.

일체 중생이 가장 미묘하게 장엄한 모양을 얻어서 온갖 복의 모양으로 그 몸을 장엄하기를 원한다.

일체 중생이 뒤섞여 어지럽지 않은 장엄한 모양을 얻어서 일체 모양으로 그 몸을 장엄하기를 원한다.

일체 중생이 선하고 깨끗한 말로 장엄한 모양을 얻어서 갖가지 다함없는 변재를 구족하기를 원한다.

일체 중생이 일체 공덕의 소리로 장엄한 모양을 얻어서 그 음성이 청정하여 듣는 자가 기뻐하기를 원한다.

일체 중생이 사랑스러운 모든 부처님 말씀의 장엄한 모양을 얻어서 모든 중생들로 하여금 법을 듣고 환희하며 청정한 행을 닦게 하기를 원한다.

일체 중생이 마음으로 장엄한 모양을 얻고 깊은 선정에 들어가 모든 부처님을 널리 친견하기를 원한다.

일체 중생이 총지로 장엄한 모양을 얻어서 일체 모든 부처님의 정법을 밝게 비추기를 원한다.

일체 중생이 지혜로 장엄한 모양을 얻어서 부처님의 지혜로 그 마음을 장엄하기를 원한다.

이것이 보살마하살이 일체 장엄구로 보시할 때에 선근으로 회향하는 것이니, 중생으로 하여금 일체 한량없는 불법을 구족하고 공덕과 지혜로 원만하게 장엄하여 일체 교만과 방일을 영원히 여의게 하기 위한 까닦이다.

불자들이여, 보살마하살이 관정을 받은 자재한 왕위와 마니 보배 관과 상투 속의 구슬을 중생들에게 널리 보시하되 마음에 아까워함이 없고, 항상 부지런히 닦아 익혀서 큰 시주가 되며, 보시하는 지혜를 수학하여 버리는 근을 증장하며, 지혜가 교묘하고 그 마음이 광대하여 일체를 베풀어 준다.

그 선근으로 이와 같이 회향한다.

이른바 일체 중생이 모든 불법의 관정한 바를 얻어 일체지를 이루기를 원하며, 일체 중생이 정수리의 상투를 구족하여 제일의 지혜를 얻어서 피안에 이르기를 원한다.

일체 중생이 미묘한 지혜의 보배로 중생들을 널리 포섭하여 다 공덕의 정상을 끝까지 성취케 하기를 원하며, 일체 중생이 다 지혜의 보배 정상을 성취함을 얻어서 세간의 예경하는 바를 감수하게 되기를 원한다.

일체 중생이 지혜의 관으로 그 머

리를 장엄하고 일체 법에 자재한 왕이 되기를 원하며, 일체 중생이 지혜의 밝은 구슬을 그 정수리에 매고 일체 세간에서 능히 볼 자가 없기를 원한다.

 일체 중생이 모두 다 세간의 정례를 감수하고 지혜의 정상을 성취하여 부처님 법을 밝게 비추기를 원하며, 일체 중생이 십력으로 장엄한 관을 머리에 쓰고 지혜의 보배 바다가 청정히 구족하기를 원한다.

 일체 중생이 대지의 정상에 이르러

일체 지혜를 얻고 십력을 끝까지 이루어 욕계 정상의 모든 마군의 권속들을 깨뜨리기를 원하며, 모든 중생들이 제일이고 위없는 정상의 왕이 되어 일체 지혜 광명의 정상을 얻어서 덮어 가릴 수 없기를 원한다.

이것이 보살마하살이 보배 관을 보시할 때에 선근으로 회향하는 것이니, 중생들로 하여금 제일의 지혜로 가장 청정한 자리에서 지혜마니로 된 미묘한 보배 관을 얻게 하기 위한 까닭이다.

불자들이여, 보살마하살이 어떤 중생이 캄캄한 감옥에 있어서 수갑과 형틀과 칼과 쇠사슬로 그 몸이 묶이어 일어나고 앉기에 편안하지 않고 온갖 고통이 다투어 밀려오는데, 친지도 없고 돌아갈 데도 없고 구해 줄 이도 없어서, 헐벗고 굶주리고 심한 고초를 참기 어려운 것을 보았다.

보살이 보고는 그가 소유한 일체 재물 보배와 처자 권속과 자기의 몸까지 버려서 감옥 중에서 그 중생을 구호하기를 마치 대비 보살과 묘안

왕 보살처럼 한다.

　이미 구호해 주고는 그가 요구하는 바를 따라 널리 다 베풀어 주어 그 고통과 환란을 없애고 안온함을 얻게 하며, 그런 후에 위없는 법보를 보시하여 방일을 버리고 선근에 편안히 머물러서 부처님 가르침 가운데서 마음이 퇴전함이 없게 한다.

　불자들이여, 보살마하살이 감옥 중에서 중생들을 구제할 때 모든 선근으로 이와 같이 회향한다.

　이른바 일체 중생이 탐애의 속박에

서 구경에 해탈하기를 원하며, 일체 중생이 생사의 흐름을 끊고 지혜의 언덕에 오르기를 원한다.

일체 중생이 어리석음을 멸하여 없애고 지혜를 생장하여 일체 번뇌의 속박에서 해탈하기를 원하며, 일체 중생이 삼계의 속박을 멸하고 일체 지혜를 얻어서 구경에 벗어나기를 원한다.

일체 중생이 일체 번뇌의 결박을 영원히 끊고 번뇌도 없고 장애도 없는 지위인 지혜의 피안에 이르기를 원하며, 일체 중생이 모든 흔들리는 생각과 사유와 분별을 여의고 평등하고 흔들림 없는 지혜의 지위에 들어가기를 원한다.

일체 중생이 모든 욕망의 속박에서 벗어나 세간의 일체 탐욕을 길이 여의고 삼계 가운데 물들거나 집착하는 바가 없기를 원하며, 일체 중생이 수승한 뜻의 즐거움을 얻어서 모든 부처님께서 설하시는 법문을 항상 받기를 원한다.

일체 중생이 집착도 없고 속박도 없

는 해탈의 마음을 얻어서 광대함은 법계와 같고 구경에 허공과 같기를 원하며, 일체 중생이 보살들의 신통을 얻고 일체 세계에서 중생들을 조복하여 세간을 여의고 대승에 머무르게 하기를 원한다.

이것이 보살마하살이 감옥에서 고통받는 중생들을 구제하여 제도할 때에 선근으로 회향하는 것이니, 중생들로 하여금 여래의 지혜의 지위에 널리 들게 하기 위한 까닭이다.

불자들이여, 보살마하살이 옥에 갇힌 어떤 죄수가 다섯 곳에 결박을 지고 모든 심한 고통을 받으며, 옥졸에게 끌리어 장차 사지에 나아가 그 목숨을 끊으려 할 적에 염부제의 일체 즐길거리를 버리며 친척과 동무들을 모두 장차 영원히 이별하고, 높은 도마 위에 올려놓고 칼로 자르며 혹은 나무창을 사용하여 그 몸을 꿰뚫으며 옷에 기름을 두르고 불로 태우는, 이와 같은 등의 고통이 갖가지로 핍박함을 본다.

보살이 보고는 스스로 그 몸을 버려서 대신 받으려 하기를 마치 아일다 보살과 수승행왕 보살과 그 외에 한량없는 모든 큰 보살들이 중생을 위하는 까닭으로 스스로 몸과 목숨을 버리고 모든 심한 고통을 대신 받듯이 한다.

보살이 그때에 옥주에게 말하기를 '원컨대 내가 몸을 버려서 저 목숨을 대신하려 하니, 이와 같은 등의 고통을 나에게 주고 저 사람을 다스리듯이 뜻대로 모두 하라.

설령 저 고통보다 아승지 곱을 넘을지라도 내가 또한 마땅히 받고 그로 하여금 해탈케 하리라.

내가 만약 저 사람이 장차 살해당할 것을 보고도 몸과 목숨을 버려서 그 고통을 대신 받고 구제하지 않으면 보살의 마음에 머무른다고 이름할 수 없다.

무슨 까닭인가? 나는 일체 중생을 구호하기 위하여 일체지의 보리심을 낸 까닭이다.'라고 한다.

불자들이여, 보살마하살이 스스로

몸과 목숨을 버려서 중생을 구호할 때에 모든 선근으로 이와 같이 회향한다.

이른바 일체 중생이 끊어짐이 없이 끝까지 이르는 몸과 목숨을 얻어서 일체 횡액과 핍박을 길이 여의기를 원한다.

일체 중생이 모든 부처님을 의지하여 머물러 일체 지혜를 받아서 십력과 보리의 수기를 구족하기를 원한다.

일체 중생이 함식들을 널리 구호하

여 두려움이 없고 악도에서 길이 벗어나게 하기를 원한다.

일체 중생이 일체 생명을 얻고 죽지 않는 지혜의 경계에 들어가기를 원한다.

일체 중생이 원수와 적을 영원히 여의고 모든 액난이 없어 항상 모든 부처님과 선우의 거두어 주시는 바가 되기를 원한다.

일체 중생이 일체 칼과 검과 병장기와 모든 나쁜 고통거리를 버리고 여의어 갖가지 청정한 선업을 수행하기를 원한다.

　일체 중생이 모든 두려움을 여의고 보리수 아래에서 마군을 꺾어 항복 받기를 원한다.

　일체 중생이 대중을 두려워함을 여의고 위없는 법에 마음이 청정하고 두려움이 없어서 능히 최상의 큰 사자후를 하기를 원한다.

　일체 중생이 장애 없는 사자의 지혜를 얻고 모든 세간에서 바른 업을 수행하기를 원한다.

　일체 중생이 두려움 없는 곳에 이

러 모든 고통받는 중생들 구호하기를 항상 생각하기를 원한다.

 이것이 보살마하살이 스스로 신명을 버려서 저 사형에 임한 모든 감옥의 죄수를 구호할 때에 선근으로 회향하는 것이니, 중생들로 하여금 생사의 고통을 여의고 여래의 가장 묘한 낙을 얻게 하기 위한 까닭이다."

〈대방광불화엄경 제26권〉

회향송

아차보현수승행
무변승복개회향
보원침익제중생
속왕무량광불찰

시방삼세일체불
제존보살마하살
마하반야바라밀

廻向頌

我此普賢殊勝行
無邊勝福皆迴向
普願沈溺諸眾生
速往無量光佛剎

十方三世一切佛
諸尊菩薩摩訶薩
摩訶般若波羅蜜

大方廣佛華嚴經 ― 부록

- 대방광불화엄경 목차

- 간행사

대방광불화엄경
목차

〈제1회〉

제1권   제1품   세주묘엄품 [1]

제2권   제1품   세주묘엄품 [2]

제3권   제1품   세주묘엄품 [3]

제4권   제1품   세주묘엄품 [4]

제5권   제1품   세주묘엄품 [5]

제6권   제2품   여래현상품

제7권   제3품   보현삼매품

　　　　　제4품   세계성취품

제8권   제5품   화장세계품 [1]

제9권   제5품   화장세계품 [2]

제10권 제5품   화장세계품 [3]

제11권 제6품   비로자나품

〈제2회〉

제12권 제7품   여래명호품

　　　　　제8품   사성제품

제13권 제9품   광명각품

　　　　　제10품 보살문명품

제14권 제11품 정행품

　　　　　제12품 현수품 [1]

제15권 제12품 현수품 [2]

〈제3회〉

제16권 제13품 승수미산정품

　　　　　제14품 수미정상게찬품

　　　　　제15품 십주품

제17권 제16품 범행품

　　　　　제17품 초발심공덕품

제18권 제18품 명법품

〈제4회〉

제19권　제19품　승야마천궁품
　　　　　제20품　야마궁중게찬품
　　　　　제21품　십행품 [1]
제20권　제21품　십행품 [2]
제21권　제22품　십무진장품

〈제5회〉

제22권　제23품　승도솔천궁품
제23권　제24품　도솔궁중게찬품
　　　　　제25품　십회향품 [1]
제24권　제25품　십회향품 [2]
제25권　제25품　십회향품 [3]
제26권　**제25품**　**십회향품 [4]**
제27권　제25품　십회향품 [5]
제28권　제25품　십회향품 [6]
제29권　제25품　십회향품 [7]
제30권　제25품　십회향품 [8]
제31권　제25품　십회향품 [9]
제32권　제25품　십회향품 [10]
제33권　제25품　십회향품 [11]

〈제6회〉

제34권　제26품　십지품 [1]
제35권　제26품　십지품 [2]
제36권　제26품　십지품 [3]
제37권　제26품　십지품 [4]
제38권　제26품　십지품 [5]
제39권　제26품　십지품 [6]

〈제7회〉

제40권　제27품　십정품 [1]
제41권　제27품　십정품 [2]
제42권　제27품　십정품 [3]
제43권　제27품　십정품 [4]
제44권　제28품　십통품
　　　　　제29품　십인품
제45권　제30품　아승지품
　　　　　제31품　수량품
　　　　　제32품　제보살주처품
제46권　제33품　불부사의법품 [1]
제47권　제33품　불부사의법품 [2]

제48권	제34품	여래십신상해품		제63권	제39품	입법계품 [4]
	제35품	여래수호광명공덕품		제64권	제39품	입법계품 [5]
제49권	제36품	보현행품		제65권	제39품	입법계품 [6]
제50권	제37품	여래출현품 [1]		제66권	제39품	입법계품 [7]
제51권	제37품	여래출현품 [2]		제67권	제39품	입법계품 [8]
제52권	제37품	여래출현품 [3]		제68권	제39품	입법계품 [9]
				제69권	제39품	입법계품 [10]
〈제8회〉				제70권	제39품	입법계품 [11]
제53권	제38품	이세간품 [1]		제71권	제39품	입법계품 [12]
제54권	제38품	이세간품 [2]		제72권	제39품	입법계품 [13]
제55권	제38품	이세간품 [3]		제73권	제39품	입법계품 [14]
제56권	제38품	이세간품 [4]		제74권	제39품	입법계품 [15]
제57권	제38품	이세간품 [5]		제75권	제39품	입법계품 [16]
제58권	제38품	이세간품 [6]		제76권	제39품	입법계품 [17]
제59권	제38품	이세간품 [7]		제77권	제39품	입법계품 [18]
				제78권	제39품	입법계품 [19]
〈제9회〉				제79권	제39품	입법계품 [20]
제60권	제39품	입법계품 [1]		제80권	제39품	입법계품 [21]
제61권	제39품	입법계품 [2]				
제62권	제39품	입법계품 [3]				

간행사

　귀의삼보 하옵고,

『대방광불화엄경』의 수지 독송과 유통을 발원하면서 수미정사 불전연구원에서『독송본 한문·한글역 대방광불화엄경』과『사경본 한글역 대방광불화엄경』을 편찬하여 간행하게 되었습니다.

『화엄경』은 우리나라에 전래된 이래 일찍부터 사경되고 주석·강설되어 왔으며 근현대에 이르러서는『화엄경』의 한글 번역과 연구도 부쩍 많이 이루어졌습니다. 그만큼『화엄경』이 우리 불자님들의 신행과 해탈에 큰 의지처가 되었던 것임을 알 수 있습니다.

『화엄경』을 독송하고 사경하는 공덕은 설법 공덕과 함께 크게 강조되어 왔습니다. 그리하여 수미정사 불전연구원에서도『화엄경』(80권)을 독송하고 사경하는 데 도움이 되도록 한문 원문과 한글역을 함께 수록한 독송본과 한글역의 사경본『화엄경』간행불사를 발원하였습니다. 이『화엄경』간행불사에 뜻을 같이하여 적극 후원해주신 스님들과 재가 불자님들께 깊이 감사드립니다. 또한『화엄경』을 수지 독송할 수 있도록 경책의 모습으로 장엄해 주신 편집위원들과 담앤북스 출판사 관계자들께도 고마움을 표합니다.

　끝으로 이 불사의 원만 회향으로『화엄경』이 널리 유통되고, 온 법계에 부처님의 가피가 충만하시길 기원드립니다.

　나무 대방광불화엄경

불기 2564년 '부처님오신날'을 봉축하며
수미해주 합장

위태천신(동진보살)

수미해주 須彌海住

동국대학교 명예교수
중앙승가대학교 법인이사
대한불교조계종 수미정사 주지

사경본 한글역
대방광불화엄경 제26권

| **초판 1쇄 발행**_ 2022년 7월 24일

| **엮은이**_ 수미해주
| **엮은곳**_ 수미정사 불전연구원
| **편집위원**_ 해주 수정 경진 선초 정천 석도 박보람 최원섭
| **편집보**_ 무이 무진 지욱 혜명

| **펴낸이**_ 오세룡
| **펴낸곳**_ 담앤북스
  서울특별시 종로구 새문안로3길 23 경희궁의 아침 4단지 805호
  대표전화 02)765-1251 전자우편 damnbooks@hanmail.net
  출판등록 제300-2011-115호
| ISBN_ 979-11-6201-056-3 04220

이 책은 저작권 법에 따라 보호받는 저작물이므로 무단전재와 복제를 금합니다.
이 책 내용의 전부 또는 일부를 이용하려면 반드시 저작권자와 담앤북스의 서면 동의를 받아야 합니다.

정가 10,000원
ⓒ 수미해주 2022